Enid Blyton

LE CLAN DES SEPT

L'édition originale de cet ouvrage a paru en langue anglaise
chez Hodder & Stoughton, Londres, sous le titre :
Well Done Secret Seven

Traduction revue par Rosalind Elland-Goldsmith.
Illustrations : Cyrielle.

Hachette Livre, 58, rue Jean-Bleuzen, 92178 Vanves Cedex.

Enid Blyton
LE CLAN DES SEPT
Bien joué,
le Clan des Sept !
hachette
JEUNESSE

PIERRE

C'est l'aîné du Clan des Sept, et son chef incontesté ! Pour qu'on le respecte, il fait preuve de courage et n'hésite pas à se montrer autoritaire... un peu trop parfois !

JEANNETTE

C'est la petite sœur de Pierre. La preuve : elle est aussi débrouillarde que lui ! Ensemble, ils ont fondé le Clan des Sept.

JACQUES

Tout serait plus simple pour ce doux rêveur, si sa sœur Suzie ne l'embêtait pas sans arrêt... Heureusement, ses amis du Clan l'aident à déjouer les mauvais tours de cette inlassable chipie !

COLIN

Malgré sa maladresse légendaire et son tempérament brouillon, Colin est un ami fidèle, toujours prêt à rendre service.

GEORGES

C'est le plus discret des garçons,
mais il adore jouer les détectives.
Pour rien au monde
il ne manquerait une aventure
du Clan des Sept !

PAM

Face aux pires dangers,
elle sait garder son calme.
Une seule chose la rend folle de colère :
qu'on l'appelle « Pamela »,
son vrai prénom qu'elle déteste !

BABETTE

La plus jeune du Clan,
mais certainement
pas la moins courageuse !

MOUSTIQUE

Toute la bande adore l'épagneul
de Pierre et Jeanette.
Pas de doute,
Moustique est la mascotte
du Clan des Sept !

CHAPITRE 1

Le Clan des Sept se réunit

— Mon badge ! Je ne trouve pas mon badge ! Où ai-je bien pu le mettre ? se lamente Jeannette, agenouillée devant sa commode. Je suis sûre de l'avoir rangé dans le tiroir.

D'une main fébrile, elle sort pêle-mêle des gants, des écharpes et des rubans qui rapidement jonchent le sol de la chambre.

— Jeannette ! Fais attention, j'ai mis de l'ordre ici ce matin, lui fait remarquer sa mère. Que cherches-tu ?

— Tu sais bien, maman. Il me faut mon badge ! Le Clan des Sept se réunit tout à l'heure et aucun membre n'est admis à la réunion sans son badge. Si je ne le retrouve pas, Pierre ne me laissera pas entrer dans la remise. Où donc ai-je pu le mettre ?

Des gants et des écharpes voltigent une fois de plus…

— Tiens ! Le voilà... Inutile de tout envoyer en l'air, dit Mme Dufour en se baissant pour ramasser un petit rond sur lequel sont inscrits « C » et « 7 ». Il était caché dans un de tes gants !

— Oh ! Vite, donne-le-moi, maman !

— Pas maintenant. Range d'abord tes affaires.

— Mais, maman, le Clan se réunit dans cinq minutes ! Pierre est déjà dans la remise.

— Eh bien, tu seras un peu en retard, c'est tout !

Et Mme Dufour sort de la chambre, le badge dans la main.

— Oh ! gémit la fillette, déçue.

En un clin d'œil, les gants et les écharpes regagnent le tiroir. Jeannette bondit dans l'escalier :

— C'est fait, maman ! Je finirai de tout plier en rentrant, promis !

Mme Dufour rit et lui tend sa petite broche.

— D'accord ! Amusez-vous bien à votre réunion ! Mais quelle idée de s'enfermer dans la remise par une chaleur pareille… Et est-ce vraiment nécessaire de fermer portes et fenêtres ?

Jeannette épingle soigneusement le badge sur sa robe.

— Bien sûr, maman. Nos réunions sont secrètes ! Il ne faut pas qu'on puisse nous espionner !

Puis, d'un air découragé, elle ajoute :

— À vrai dire, pour ce qu'on fait en ce moment, ça n'aurait que peu d'importance. Les journées se ressemblent toutes. Il faudrait qu'il se passe quelque chose d'extraordinaire... une aventure comme celle de l'an dernier !

— Tiens, prends la boîte de biscuits, propose Mme Dufour. Et une bouteille de jus d'orange. Regarde, Moustique vient justement te chercher !

Un beau petit épagneul mordoré arrive en trottant. Il jappe et saute sur Jeannette.

— Oui, oui, Moustique, j'arrive...

La fillette se baisse pour le caresser.

— C'est Pierre qui t'envoie, je parie. Je suis en retard. Merci maman, pour les biscuits et le jus !

Elle traverse le jardin au pas de course. En approchant de la remise, elle entend des voix. Les membres du Clan sont déjà arrivés !

Jeannette frappe des deux poings sur la porte tandis que Moustique gratte le battant avec ses pattes.

— Mot de passe ? demande une voix à l'intérieur.

— Aventure ! hurle la fillette en réponse.

La porte s'ouvre et Pierre, son frère aîné, s'avance, les sourcils froncés.

— Quelle idée de crier aussi fort. Maintenant, tout le monde va connaître le mot de passe !

— Excuse-moi, réplique Jeannette. Comme vous hurliez tous, j'en ai fait autant. D'ailleurs, il n'y a personne pour entendre. Et regarde ! Je vous apporte des biscuits et du jus de fruit.

Pierre observe sa sœur. Dix minutes plus tôt, il la laissait fourrageant dans son tiroir à la recherche du fameux badge. À présent la broche est à sa place, bien épinglée sur la robe. Il n'y a rien à dire.

Jeannette entre dans la remise. Derrière elle, soigneusement, Pierre ferme la porte et tourne le verrou. L'unique fenêtre est close. Dehors, le soleil de plein été darde ses rayons brûlants.

Jeannette soupire :

— Quelle chaleur, ici ! Une vraie fournaise ! Si ça continue, je vais fondre.

— Tu n'es pas la seule, répond Pam. C'est stupide de continuer à se réunir ici, par ce temps. La remise est étouffante. On ne pourrait pas trouver un coin frais et ombragé dans les bois ?

— Impossible ! réplique Jacques. Ma sœur Suzie nous espionnerait sans arrêt. Elle viendrait avec ses copines, et elles nous traqueraient. On n'aurait plus un moment de tranquillité.

— Dans ce cas, intervient Colin, il faut trouver un endroit agréable et bien caché, où personne ne pourra nous voir... comme mon refuge, dans notre jardin.

— Quel refuge ? questionne Jacques.

— Dans un arbre, un vieil arbre avec de très grosses branches horizontales. J'ai installé des coussins et une boîte où je stocke mes réserves. Il y fait bon et frais, le vent agite ses branches et, de mon perchoir, j'ai une vue très étendue. Je vois arriver de loin les gens qui me cherchent !

Ces paroles sont accueillies par un silence admiratif. Chacun réfléchit. Puis les membres du Clan échangent un regard étincelant d'excitation.

— C'est une excellente idée, s'exclame Pierre, traduisant l'impression de tous. Maintenant, il nous suffit de découvrir un arbre suffisamment gros. On y construira une cabane et on pourra y tenir nos réunions secrètes sans que personne s'en doute. Au boulot, Clan des Sept !

CHAPITRE 2

Une merveilleuse idée

Les Sept discutent avec entrain de l'idée de Colin. Tous la trouvent excellente. Colin n'est pas peu fier.

— Une fois qu'on aura trouvé l'arbre, déclare Pierre, on apportera quelques planches et des coussins, des boîtes pour ranger nos réserves de biscuits et de boisson, nos livres et toutes les affaires dont on a besoin.

— Ce serait formidable ! s'exclame Jeannette. Personne ne devinera qu'on s'y réunit, et il sera impossible de nous entendre.

— Alors, en avant ! décide Colin. Trouvons le coin rêvé. Il fait vraiment trop chaud dans cette remise... Regardez Moustique... Il tire la langue comme s'il venait de courir un marathon.

En effet, le pauvre chien halète bruyamment.

Pierre se lève.

— Suis-nous, Moustique. Il y a un ruisseau là-bas où tu vas pouvoir te désaltérer.

Les enfants emportent la boîte de biscuits mais, avant de s'en aller, font honneur au jus d'orange.

Comprenant où la bande se dirige, l'épagneul se précipite vers le ruisseau.

— Eh ! Il faut nous en laisser, plaisante Pierre.

Moustique continue de boire tandis que ses compagnons poursuivent leur chemin.

— Si on allait au Bois-Bourru ? propose Colin. Il y pousse des arbres énormes dans lesquels on pourra facilement grimper.

Ils atteignent la forêt. Il y fait bon et frais.

— On y est ! annonce Jacques. Maintenant, il faut dénicher l'arbre parfait. Il doit être assez gros pour qu'on y tienne tous les sept.

— Et Moustique, alors ? questionne Jeannette, prise d'un soudain remords. Il ne peut pas grimper aux arbres. Comment fera-t-il pour assister à nos réunions ?

— On pourrait lui confectionner une espèce de harnais et le hisser jusqu'à nous ? suggère Georges.

— Il détesterait ça, assure Pierre. Et puis il ne fait pas vraiment partie du Clan. Il n'a pas besoin de venir aux réunions. Il n'aura qu'à s'asseoir au pied de l'arbre et monter la garde.

— Pourquoi pas... admet Babette. Il aboiera si quelqu'un essaie d'approcher, ce sera très pratique.

— Regardez ! s'exclame Pam. Ce chêne semble assez grand. Non ?

— Impossible, proteste Pierre tout en levant les yeux vers la cime. Les branches ne sont pas assez basses pour qu'on les attrape. Il faut que *notre* arbre soit facile à escalader, sans quoi on perdra du temps à monter et à descendre.

La petite bande décide de se séparer pour chercher d'autres spécimens. Mais il n'y en a pas tant que cela... Georges croit en avoir découvert un, mais en l'escaladant, il s'aperçoit qu'il sera difficile d'y construire un abri.

— Rien à faire ! crie-t-il à ses compagnons. Les branches sont trop serrées pour qu'on s'y installe.

Il descend rapidement. C'est au tour de Jacques d'attirer l'attention du groupe.

— Venez tous ! J'ai trouvé l'arbre parfait. Regardez.

Tout le monde accourt.

— En effet, constate Colin, ce hêtre me paraît très bien. Voilà une branche basse facile à attraper, un tronc suffisamment large pour caler nos pieds. Après, il n'y aura qu'à s'accrocher un peu plus haut et on devrait atteindre cette espèce de plateforme. Je vais grimper pour voir.

— Non ! crie Jacques, c'est à moi de monter ! Je l'ai trouvé le premier.

Il agrippe la première branche et se hisse, puis s'élève lentement en plaçant ses semelles sur les nœuds dans l'écorce, comme sur de petites marches.

Sans grand effort, il atteint le sommet du hêtre, d'où partent des tiges presque horizontales.

— C'est idéal ! s'exclame-t-il. Il y a environ six grosses branches qui partent du même endroit, et aussi un creux dans le tronc. Une parfaite cachette ! Grimpez vite, on peut facilement tenir tous !

Ils escaladent les uns après les autres. Pierre arrive en dernier. L'arbre est d'un accès si facile que personne n'a besoin d'aide.

— Ce doit être le plus gros hêtre de la forêt, constate Pierre quand ils sont tous installés. Quelle chance que les branchages soient tous à la même hauteur ! Tiens, où est le trou dont tu nous as parlé, Jacques ?

— Ici !

Ce dernier désigne la partie du tronc sur laquelle il est adossé, et une cavité apparaît. Il y glisse la main pour en mesurer la profondeur.

— C'est grand ! Exactement ce qu'il nous faut pour cacher nos affaires. Je vote pour ce hêtre ! On pourra l'appeler l'arbre du Clan des Sept.

— Oui, oui ! répondent les autres avec enthousiasme, et les projets d'aménagement fusent de toutes parts.

— Chacun son tour ! lance Pierre en sortant un carnet. Vous allez me soumettre vos idées et vos suggestions, je les inscrirai les unes après les autres.

Le grand hêtre

Les bonnes idées ne manquent pas.

— On pourrait apporter quelques planches et les placer en travers des branches pour faire une vraie plateforme, propose Colin. Il y en a chez nous, dans le hangar.

— On prendra aussi de la ficelle pour les attacher, ajoute Jacques.

— Oui, et des coussins pour s'asseoir ! renchérit Pam. Mais, en partant, il faudra les entasser dans la cachette, pour les protéger en cas de pluie.

— Impossible, proteste Jacques, le trou est trop petit.

— Dans ce cas, j'apporterai une bâche, décide Babette. On l'utilisera pour couvrir toutes nos affaires en quittant l'arbre.

— Excellente idée, approuve Pierre en notant ces idées à toute vitesse dans son calepin. Autre chose ?

— Il nous faut des provisions, déclare Jeannette. Des bols et des couverts incassables. Je vais m'en occuper. Maman sera d'accord pour qu'on prenne ce qu'on veut, tant qu'on les lui rapporte quand on n'en aura plus besoin.

— Parfait ! acquiesce Pierre. Récapitulons. Des planches pour fabriquer une plateforme. C'est toi qui t'en charges, Colin ?

— Moi, j'apporte la ficelle, dit Jacques.

— Moi, les coussins, ajoute Pam.

— Moi, la bâche, annonce Babette.

— Et moi les bols, précise Jeannette. Et toi, Georges ?

— Pourquoi pas du chocolat ? On le cachera dans le trou. Mes parents viennent de recevoir un colis de la part d'un cousin, avec des tas de paquets de friandises. Maman a dit que je pouvais en prendre la moitié.

— Bravo ! s'écrie Pierre. Moi, j'apporterai la boisson. On va s'amuser comme des fous grâce à ce nouveau lieu de réunion.

Mais attention, Jacques, pas un mot à ta peste de sœur !

— Comme si j'avais l'habitude de tout raconter à Suzie, réplique le garçon avec un haussement d'épaules. Alors, quand commencera-t-on à construire notre cabane ?

— Pourquoi pas demain ? suggère Pierre. Personne ne sera encore parti en vacances. Il ne faudra pas longtemps pour réunir tout le matériel.

Il est interrompu par un long hurlement qui s'élève du pied de l'arbre, puis par un grattement de griffes contre l'écorce.

— Oh ! On a oublié le pauvre Moustique ! comprend Jeannette. Il nous a attendus tout ce temps sans broncher. Je parie qu'il aimerait être aussi agile que notre chat. En un clin d'œil, il serait avec nous !

— On descend, Moustique, on descend ! le rassure Pierre.

D'un dernier regard circulaire, il contemple l'arbre et conclut :

— On n'aurait pas pu trouver mieux. Il n'y a plus qu'une chose à espérer, maintenant.

— Laquelle ? demande Jacques en amorçant sa descente.

— Qu'il se passe un événement extraordinaire. Il ne s'est rien produit depuis une éternité, pas la moindre aventure, pas le plus petit mystère... À quoi bon former un Clan secret ?

— Je suis bien contente que tu dises ça, répond Pam. À chaque fois que tu t'es plaint du manque d'aventures, il est arrivé quelque chose !

— Pourvu que ce soit vrai, soupire Pierre.

Il écarte les feuilles qui forment dans son dos un épais rideau.

— Comme on voit loin ! D'ici, j'aperçois la route qui serpente le long de la colline. Je distingue même les voitures qui circulent.

— Allez, descendez ! leur crie Jacques, qui se trouve déjà à mi-chemin du sol. On est très en retard, et j'aimerais éviter de me faire gronder en arrivant à la maison. Déjà que ma mère trouve nos réunions trop longues…

— En tout cas, celle-ci, on en a bien profité, remarque Colin.

Il glisse le long du tronc… un peu trop vite.

— Aïe ! J'ai déchiré mon short.

— Évidemment, tu descends de l'arbre comme d'un toboggan, pouffe Babette.

Moustique les accueille en bondissant dans tous les sens. Il saute sur chaque membre du Clan qui atterrit sur le sol, à grands renforts d'aboiements et de coups de langue vigoureux !

Pierre éclate de rire.

— Pauvre Moustique… Tu n'aimes pas notre nouveau lieu de réunion, n'est-ce pas ? Mais j'y pense… Vous avez vu ce grand trou ? Moustique pourrait s'y installer, comme dans une niche.

Il désigne, dans le tronc d'un vieil arbre, une large excavation, assez grande pour permettre à Moustique de s'y tenir.

— On y mettra son tapis et un os pour qu'il comprenne que c'est son poste, propose Pierre. Et quand on lui dira : « Attention, Moustique ! », il saura qu'il doit y rester jusqu'à ce qu'on descende.

— Il sera notre sentinelle ! approuve Georges. Je suis certain qu'il sera à la hauteur de sa tâche. Il aboiera dès que quelqu'un approchera.

Tous sont ravis d'avoir enfin trouvé une solution pour le chien. Évidemment, il ne pourra pas assister aux réunions, comme il le faisait dans la remise, mais il occupera un poste important et fera quelque chose d'utile pour le Clan, en montant la garde.

— Wouf ! Wouf ! aboie l'animal, comme s'il comprenait et approuvait les décisions de ses maîtres.

Il remue la queue et, d'un pas sautillant, les précède sur le chemin du retour. Les enfants semblent avoir oublié qu'il est bientôt l'heure du goûter… mais pas lui !

CHAPITRE 4

La cabane

Le lendemain est un grand jour. Le Bois-Bourru est traversé par une étrange procession : sur le sentier, sept enfants se suivent en file indienne, chargés des objets les plus variés.

Le Clan s'est donné rendez-vous chez Pierre et Jeannette, et chacun a apporté ce qu'il a promis : Jeannette fournit les gobelets, les assiettes et les cuillères, quant à Colin, il transporte, avec l'aide de Jacques, des planches au-dessus de sa tête. Ce dernier a enroulé autour de sa taille une longue ficelle, ce qui lui donne une drôle d'allure. Babette porte la bâche soigneusement pliée et a déchargé Pam d'un lot de coussins.

— Ils sont un peu vieux et aplatis, explique-t-elle, mais ce n'est pas bien grave. Ils étaient au fond de la serre, dans le jardin. Ils ont été oubliés là il y a une éternité. Mais il n'y en a que six. Il faudra en trouver un septième quelque part.

Jeannette se précipite vers la remise où se tiennent, d'habitude, les réunions du Clan des Sept. Elle en ressort avec un septième coussin dans les bras. Ainsi, chacun pourra s'asseoir confortablement !

Georges a apporté les chocolats promis et, en plus, une magnifique boîte de sablés.

— C'est maman qui me les a donnés, précise-t-il. Elle trouve que ce n'est pas juste que ce soit toujours votre mère qui approvisionne le Clan, alors maintenant, c'est son tour.

— C'est gentil ! lance Pierre.

De son côté, avec son argent de poche, il a acheté une bouteille de jus d'orange, et a aussi rempli deux gourdes d'eau.

Même Moustique porte quelque chose : il tient dans sa gueule, l'air ravi, un petit tapis roulé bien serré et attaché avec de la ficelle. Il semble toujours très content de participer aux activités des enfants !

— Wouf ! Wouf ! aboie-t-il entre ses crocs.

Biscuits

Jeannette fait remarquer en riant :

— Il nous dit qu'il est heureux de porter quelque chose comme nous, pas vrai Moustique ?

Le chien remue la queue et manque de lâcher son tapis pour pouvoir japper à son aise.

Le Clan des Sept atteint le Bois-Bourru et se dirige vers l'arbre choisi.

— On devrait y inscrire nos initiales, C.7., déclare Pam.

— Non, proteste Pierre. Papa dit que c'est stupide de graver son nom sur les murs ou sur les troncs.

— Oh ça va ! réplique Pam, vexée. J'ai seulement émis l'idée. Je n'ai pas dit qu'il *fallait* le faire. Je ne suis pas stupide.

— Pardon, ne te fâche pas, admet Pierre. J'ai été un peu brusque. Occupons-nous plutôt de Moustique et arrangeons-lui son petit poste d'observation avant de grimper.

Sous le regard amusé de tous, Moustique flaire le trou, y entre, l'explore, puis s'installe devant, la gueule ouverte, l'air satisfait.

— Tout va bien. Il nous sourit ! constate Jeannette. Sors de là, Moustique, pour qu'on mette ton tapis. Ça t'aidera à reconnaître les lieux. Et attention ! Tu es notre sentinelle. Tu comprends ce que ça veut dire, n'est-ce pas ? Tu dois monter la garde !

— Wouf ! acquiesce Moustique, soudain attentif.

Une fois l'épagneul sorti de sa tanière, Pierre y déroule le tapis et dépose un os, ainsi qu'une vieille casquette qu'il ne porte plus.

— Garde-la, Moustique, ordonne-t-il en désignant le couvre-chef. Garde-la jusqu'à mon retour !

Le chien retourne dans sa niche temporaire, flaire longuement la casquette, puis l'os. Enfin, il ressort et se poste au pied de l'arbre, l'air sérieux. Rien ne le fera bouger de là jusqu'à ce que Pierre l'y autorise !

— Et maintenant, en avant ! lance ce dernier. Il faut d'abord attacher les planches et la bâche au bout d'une corde. L'un de nous grimpera sur une branche et hissera le tout d'un seul coup.

L'idée est bonne... mais l'exécution est moins facile qu'il n'y paraît.

En effet, Pierre ne serre pas assez la corde, et alors que Jacques, tant bien que mal, lève le fardeau, un pan de bois s'échappe ! Les planches dégringolent avec fracas, glissant et rebondissant le long du tronc.

Colin en reçoit une sur l'épaule tandis que la bâche dépliée atterrit sur la tête de Pam.

Ne comprenant pas ce qui lui arrive, celle-ci se met à hurler et à gesticuler ! Les autres ne peuvent se retenir de rire.

— Pardon ! s'excuse Pierre en la débarrassant de la bâche. Il faut que je serre plus les cordes !

— Tu permets ? intervient Colin en se frottant l'épaule. C'est moi qui vais attacher les planches, cette fois. Je n'ai pas très envie de recevoir tout le lot sur la tête !

Georges s'esclaffe de plus belle :

— Qu'est-ce qu'on s'amuse ! Je n'aurais jamais cru qu'on puisse tant rire en construisant une cabane dans un arbre !

Une construction passionnante

Toute la matinée, les Sept se consacrent à la construction de la cabane. Ils s'amusent comme des fous.

Mais la réalisation du plancher s'avère plus difficile que prévu.

Les planches ont une fâcheuse tendance à glisser et à dégringoler au pied de l'arbre. Il faut alors descendre pour les remonter. À chaque chute, Moustique avertit ses maîtres d'un aboiement sonore.

Jeannette glousse :

— Il doit penser qu'on ne voit pas les planches quand elles tombent... À qui le tour de descendre chercher celle-là ?

Jacques intervient :

— J'ai l'impression qu'on est trop nombreux, ça nous empêche d'avancer. Vous, Colin et Pam, descendez sur les branches plus basses. À quatre, on sera bien assez pour travailler ici.

Les deux amis s'installent plus bas, de l'autre côté de l'arbre, pour limiter les risques.

— Tiens ! Un coussin par terre ! s'exclame Jeannette. Tant pis, il y restera. Bientôt, une planche tombera à coup sûr et celui qui ira la chercher remontera le coussin en même temps.

Les autres s'affairent dans la bonne humeur.

Ils s'efforcent de bien serrer les cordes et une sorte de plateforme ne tarde pas à être construite. Pour en vérifier la solidité, Jacques fait quelques pas prudents.

— Elle paraît stable ! Personne ne risque de glisser entre deux planches. On a bien travaillé.

Colin et Pam remontent pour admirer le chef-d'œuvre. Le nouveau palier semble très confortable, avec ses sept coussins, malgré leur aspect vieillot et raplapla.

Dans la cache, les enfants placent les gobelets, les assiettes, les bouteilles de jus, la boîte de biscuits, les tablettes de chocolat... La bâche, solidement fixée à une branche, est prête à recouvrir la plateforme quand les Sept s'en iront.

— Ouf ! souffle Pierre avec satisfaction. Voici enfin notre nouveau quartier général : le lieu de réunion du Clan des Sept ! En bas, le poste de notre sentinelle. Il ne manque plus rien... que l'aventure !

— Tant pis si rien n'arrive, déclare Pam. Je trouve qu'avoir une cabane dans un arbre, c'est déjà l'aventure. Et voilà que le vent se lève !

Un fort coup de vent fait osciller le hêtre. La plateforme remue elle aussi.

— On se croirait sur un bateau ! constate Jeannette. Le plancher tremble exactement comme si on était en mer.

— Il est midi et demi, remarque Pierre. Prenons un biscuit et un verre de jus d'orange, puis rentrons. On pourra revenir cet après-midi avec des livres et des jeux. On s'amusera bien.

— Les adultes ont des idées bizarres... commente Jeannette tout en grignotant un sablé. Ils n'aiment pas qu'on mange avant les repas, de peur qu'on n'ait plus faim. Pourtant, je sens que je pourrais avaler encore six biscuits, et j'aurais encore de la place pour le déjeuner !

— Désolé, pas plus d'un par personne, réplique Pierre en refermant le couvercle. Sinon, il n'en restera bientôt plus. Et cette boîte doit durer très longtemps !

Dans l'après-midi, tous retournent à l'arbre. Moustique reprend son poste. Il paraît comprendre son rôle et remue joyeusement la queue tandis que chaque membre du Clan escalade le tronc. Le vent souffle maintenant très fort et chacun éprouve un grand plaisir à sentir la plateforme bouger.

— Je m'attends tout le temps à entendre le bruit de l'eau, comme sur un bateau… commente Jeannette.

La bande reste ainsi allongée sur les coussins, lisant, bavardant et grignotant du chocolat. Le vent bruisse dans les feuilles et fait voltiger les cheveux des uns et des autres.

Soudain Moustique se met à aboyer.

Pierre se penche avec précaution.

— Que se passe-t-il, Moustique ?

Une voix lui parvient alors :

— Va-t'en, ne m'approche pas... Laisse mon petit chat tranquille !

Pierre avertit les autres tout bas :

— C'est un garçon qui porte un chat sur

son épaule. Moustique a l'air furieux, il saute autour de lui.

— Pas d'inquiétude, il ne le mordra pas, assure Georges. Il veut seulement l'empêcher d'escalader notre arbre. J'aimerais le voir, ce petit chat. Écarte-toi pour que je puisse regarder.

Pierre ne cédant pas sa place, Georges le pousse un peu. Et c'est la catastrophe ! L'aîné du Clan perd l'équilibre ! Il essaie de se rattraper à la corde retenant une planche, et celle-ci bascule d'un coup.

La tête la première, le garçon dégringole de la plateforme. Heureusement, il réussit à interrompre sa chute en s'accrochant à une branche. Pam laisse échapper un hurlement de frayeur. Pierre lève le visage vers elle, un doigt sur la bouche :

— Chut ! Pas de bruit ! Tu ne veux tout de même pas dévoiler notre cachette le premier jour ?

Le garçon au chat

Surpris par le cri de Pam, le jeune inconnu s'est figé.

Il regarde de tous les côtés, sans apercevoir personne. Soudain, il lève la tête vers le sommet de l'arbre.

— Eh, là-haut ! Il y a quelqu'un ?

Silence. Pam retient son souffle et devient écarlate. Pierre la fusille du regard.

— Répondez ! reprend le garçon. Je monte voir qui est caché.

Pierre soupire d'agacement. C'est exactement ce qu'il craignait !

Mais c'était compter sans Moustique ! Pas

question de laisser qui que ce soit grimper pendant qu'il monte la garde !

L'épagneul bondit sur le garçon en montrant les crocs. Celui-ci, qui a déjà attrapé une branche basse pour entamer son ascension, la laisse échapper et, se retournant rapidement, fait face au chien.

— Bas les pattes ! Que veux-tu ? Si c'est mon petit chat, tu ne l'auras pas ! Laisse-moi tranquille !

Mais Moustique continue de sauter et de gronder. Il ne cesse son manège qu'une fois le garçon suffisamment éloigné de l'arbre, sans plus aucune intention manifeste de l'escalader.

Le chien, calmé et rassuré, s'assoit entre l'inconnu et le hêtre, puis remue joyeusement la queue.

— Je ne sais pas pourquoi tu m'as empêché de grimper, déplore le garçon. Tu as sans doute tes raisons et je ne veux pas te contrarier. Je reviendrai quand tu ne seras plus là… Pour le moment, mon chat est mort de peur, alors je m'en vais. Au revoir, méchant chien !

Les Sept ont écouté ce discours sans broncher. Ils entendent les brindilles et les feuilles sèches craquer sous les pas du garçon qui s'éloigne.

Moustique lance un dernier aboiement et retourne, satisfait, à son poste. Il a rempli sa mission ! Personne n'approchera de l'arbre sans sa permission !

Les enfants restent silencieux. Enfin, quand les bruits de pas se sont tus, Pam prend la parole. Elle est au bord des larmes.

— Pardon, Pierre… J'ai cru que tu allais tomber et je n'ai pas pu m'empêcher de crier.

— Ce n'est rien, assure l'aîné du Clan. Mais on n'est pas passés loin de la catastrophe ! Imagine que, dès le premier jour, notre cabane secrète ait été découverte…

Pam rougit de plus belle.

— Je ferai attention, c'est promis. D'ailleurs le garçon est parti, il n'y a donc pas de mal.

— Grâce à Moustique, réplique Pierre, la mine sombre. Et rien ne nous dit qu'il ne reviendra pas dès qu'on aura le dos tourné.

— Il ne retrouvera jamais notre arbre… déclare Pam. Et puis arrête de faire tant d'histoires. Je me suis excusée.

Georges intervient pour changer de sujet :

— Prenons chacun un morceau de chocolat.

Lui aussi se sent coupable… S'il n'avait pas donné un coup de coude à Pierre, celui-ci n'aurait pas perdu l'équilibre ! Mieux vaut parler d'autre chose...

Chacun prend un carré de chocolat et, aussitôt, tout le monde se sent mieux. Pendant qu'ils se régalent, les enfants s'émerveillent de l'exploit de Moustique.

— C'est un gardien hors pair ! s'exclame Jacques. Je parie qu'il a déjà regagné son poste.

— Je doute que le garçon revienne, observe Colin après un certain temps. À mon avis, il ne faisait que traverser le bois avec son chat. Drôle d'idée d'emmener un chat en promenade, d'ailleurs !

— Si on jouait aux cartes ? propose Pam. J'ai apporté un jeu.

L'après-midi se termine joyeusement.

Les enfants font plusieurs parties de bataille tout en buvant du jus d'orange et en se partageant des sablés... Sauf que le vent souffle et fait voltiger les cartes !

— Il vaudrait mieux apporter des dominos, déclare Georges, agacé. Au moins, ils ne s'envoleraient pas.

À cinq heures, il est temps de rentrer. Les enfants empilent soigneusement les coussins sous la bâche. Tout le reste est rangé dans le trou. Sautant de branche en branche, un petit écureuil s'arrête pour les regarder avec étonnement.

— Coucou ! lance Pierre. Tu es bien mignon… mais surtout ne t'avise pas de venir fouiller dans nos affaires, compris ?

L'écureuil reste bavarder un moment puis, d'un bond, disparaît parmi les arbres.

Tout le monde éclate de rire et, au pied de l'arbre, Moustique se joint à la bonne humeur générale en jappant.

— On arrive, Moustique ! lui crie Pierre. Et on t'apporte un gâteau pour te récompenser ! Tu es un parfait chien de garde !

CHAPITRE 7

Une matinée dans l'arbre

Le lendemain matin, le Clan se retrouve de nouveau chez Pierre avant de se rendre au Bois-Bourru. Certains ont apporté des provisions, Pierre s'est encore chargé de la boisson. De son côté, Jeannette a pris un gros livre qu'elle a promis de prêter à Colin pour la journée.

— C'est le livre de mon père, celui dont je t'ai parlé, explique-t-elle. Tu y trouveras tout ce que tu veux sur les bateaux ! Mais papa m'a fait promettre de le lui rapporter au plus tard dans trois jours. Je compte sur toi…

— Merci ! répond Colin, ravi, en saisissant

l'ouvrage.

Le garçon est passionné de bateaux et il pense au plaisir qu'il aura à se plonger dans la lecture de ce livre.

Moustique accompagne la bande, comme d'habitude. Les enfants atteignent le bois et se dirigent vers leur arbre. À peine arrivé, le chien prend place à son poste et pousse un petit aboiement de satisfaction.

Jeannette le caresse.

— Oui, tu es un bon chien ! Attention, maintenant tu montes la garde.

Les Sept grimpent jusqu'à leur cabane. Pierre défait les nœuds qui retiennent la bâche et étend les coussins sur la plateforme. À ce moment, les filles poussent un cri :

— Regardez ! La boîte à biscuits est ouverte… et il ne reste presque plus rien ! Le chocolat ! La tablette qu'on a laissée est quasi finie… Et la bouteille est vide, alors qu'hier elle était à moitié pleine !

Les enfants se regardent en silence.

Soudain, Jeannette s'écrie :

— Vous voulez savoir ce que j'en pense ? Je parie que c'est cet écureuil qui a fait le coup ! Il est revenu après notre départ et a emporté toutes nos provisions. Les écureuils sont malins…

— Sauf qu'il n'a pas pu boire le jus

d'orange, fait remarquer Pierre.

— Pourquoi pas ? Les écureuils savent se servir de leurs pattes, comme les singes. Ils tiennent les noisettes et les cassent avec leurs dents pour les manger. Je les ai vus faire. Je suis sûre que celui-ci a été capable d'ouvrir la bouteille. Mais il en aura renversé le contenu. Il n'a pas dû aimer ça.

— Je peux éventuellement imaginer qu'un écureuil ait ouvert une bouteille et renversé ce qu'elle contenait, réagit Pierre, mais je ne peux pas croire qu'il ait su la refermer. Pour moi, ça ne fait aucun doute : c'est le garçon au chat !

— Je suis d'accord, acquiesce Georges.

Les autres ne sont pas de leur avis. Ils pensent que l'écureuil est coupable.

— Quoi qu'il en soit, il est inutile de nous faire du souci, estime Jacques. On a des tas de provisions aujourd'hui. Si l'écureuil est friand de biscuits et de chocolat, qu'il mange !

Cette fois-ci, la bande a apporté des dominos. La partie commence. Peu à peu, le soleil disparaît derrière des nuages bas.

Colin examine le ciel.

— J'espère qu'il ne va pas pleuvoir... Enfin, même s'il tombe quelques gouttes, on ne sera pas mouillés. Ce hêtre est si touffu...

En effet, la pluie ne tarde pas à arriver. Quelques gouttelettes seulement traversent l'épais feuillage. Pourtant, Colin est soucieux.

— Je devrais peut-être mettre le livre à l'abri dans le trou, confie-t-il à Jeannette. Ton père n'aimerait pas qu'il soit mouillé.

— Il serait même très fâché. Il prend grand soin de ses ouvrages. Range-le bien au fond.

Tout le monde s'arrête de jouer pour permettre à Colin de glisser le livre dans le creux, sous la petite pile de provisions.

Il pleut de plus en plus fort. Les enfants sont heureux d'entendre le martèlement de l'averse sur les feuilles alors qu'ils sont bien au sec.

Lorsque arrive l'heure du déjeuner, la pluie a cessé.

— On ferait bien de profiter de l'éclaircie, propose Pierre, essayant de voir à travers les branches si le ciel se dégage. Que faire de nos affaires ? Est-il prudent de les laisser ici, après la disparition des biscuits et du chocolat ?

— Mais oui ! répond Pam, qui n'a aucune envie de redescendre tout l'équipement pour le rapporter à la maison. Si l'écureuil, ou le voleur, n'a pris ni les coussins ni les gobelets hier, il n'y a pas de raison pour qu'il les chipe aujourd'hui. Et puis il ne reste plus que quelques sablés.

— D'accord, approuve Pierre. Rangeons les coussins sous la bâche, et en route ! Moustique, on arrive !

Un aboiement lui répond et le chien sautille autour du hêtre. Le temps lui a semblé bien long, à faire le guet tout seul !

Les enfants ont du mal à descendre, à cause de l'écorce glissante. Moustique les accueille avec joie.

Chacun rentre chez soi. Mais voilà... personne n'a remarqué que Colin avait oublié le livre sur les bateaux. Il l'a laissé là-haut, dans le grand hêtre touffu, au fin fond de la réserve à provisions...

C7

Une nuit au Bois-Bourru

C'est seulement en se déshabillant que Colin, tout d'un coup, repense au fameux livre. Où est-il ?

Quel choc quand il se rend compte qu'il l'a oublié dans l'arbre ! Et si l'écureuil le trouvait ? S'il le déchirait ou en grignotait les pages ? Que dirait le père de Jeannette ?

Le garçon remet ses vêtements à toute vitesse. Il doit retourner récupérer l'ouvrage. Mais comment sortir sans que ses parents s'en rendent compte ? Ce soir, ils semblent être partout à la fois dans la maison : ils montent et descendent l'escalier, traversent le couloir, sortent dans le jardin… Il y a de quoi devenir fou !

Jusqu'à dix heures et demie, Colin, assis à sa fenêtre, est aux aguets. Quand donc sa famille arrêtera-t-elle d'aller et venir ? Ah ! Ça y est ! Sa mère et son père vont enfin se coucher.

Onze heures ont sonné quand Colin juge qu'il peut, sans crainte, se glisser hors de la maison. Il est déjà dans le jardin lorsque retentit le hululement d'une chouette. Le garçon sursaute et se fige. Comment retrouvera-t-il leur arbre, dans la nuit ? Il fait très noir à présent, et la forêt sera encore plus sombre…

Colin frissonne. Ce ne doit pas être très agréable de se promener dans le Bois-Bourru en pleine nuit… Et s'il ne retrouve pas l'arbre et perd son chemin ?

Pour rejoindre le bois, il doit passer devant la ferme de Pierre. Avec un peu de chance, ce dernier n'est pas encore endormi… Auquel cas il acceptera certainement de l'accompagner ! En arrivant devant la grande maison de pierre, Colin traverse le jardin et se dirige vers la fenêtre de son ami. Les bâtiments sont obscurs. Toute la famille Dufour est couchée. Colin se baisse pour ramasser un caillou et le lance contre la vitre. Manqué ! Il en envoie un autre et, cette fois, vise juste.

Il s'attend à entendre le bruit de la pierre contre le carreau…

Sauf que la fenêtre est ouverte et que le caillou atterrit directement sur la joue de Pierre, qui dort à poings fermés.

Réveillé en sursaut, le garçon se dresse sur son lit et, furieux, regarde autour de lui. Il se frotte le visage, sans rien comprendre… quand une autre pierre vient frapper le mur !

— Enfin que se passe-t-il ? Qui peut bien jeter des cailloux à cette heure ?

Il se lève et s'approche de la fenêtre avec précaution. Dans l'obscurité, il distingue une silhouette.

— Qui est là ? lance-t-il, juste assez fort pour se faire entendre.

— Chut ! C'est moi, Colin ! Écoute-moi, Pierre. J'ai oublié le livre de ton père dans notre arbre… Il faut absolument que j'aille le chercher. Tu veux m'accompagner ?

— Un peu, oui ! répond Pierre avec enthousiasme.

Traverser le Bois-Bourru et escalader leur hêtre en pleine nuit ? Quelle aventure !

Vite, il enfile son short et un pull, puis, enjambant la fenêtre, se laisse glisser le long d'un chêne qui, par chance, pousse le long de la maison.

Quelques secondes plus tard, deux ombres s'élancent en direction du bois.

Colin a senti son courage grandir dès que Pierre l'a rejoint.

— J'avais peur de ne pas retrouver notre arbre, confie-t-il en marchant. Alors que toi, tu as un bon sens de l'orientation. Tu reconnaîtras le chemin, même dans le noir.

— Oui, mais par mesure de précaution, j'ai apporté une torche électrique.

Lorsqu'ils atteignent la forêt, tout est silencieux. Une brise légère fait remuer les feuilles. Une chouette hulule et fait sursauter les garçons.

— Heureusement que je ne suis pas une souris, commente Colin. Je serais terrorisé par ce cri !

Une fois parvenus à leur arbre, Pierre grimpe le premier et éclaire Colin, qui éprouve quelques difficultés à se hisser dans les ténèbres. Enfin, les voilà sur la plateforme. Comme tout paraît différent… et effrayant ! Pierre dirige le rayon de sa lampe vers le creux et Colin y plonge sa main. Il pousse un cri.

— Oh ! Tout est sens dessus dessous, comme si quelqu'un avait fouillé dans notre réserve… à la recherche de nourriture, sans doute.

— Pourtant, on n'avait presque rien laissé… Ce n'est sûrement pas l'écureuil. Quelqu'un a découvert notre refuge ! Tu as le livre ?

— Heureusement, oui ! répond Colin avec soulagement. Mais qui a bien pu venir ici ?

— Je me pose la même question…

Soudain, un léger bruit se fait entendre. Médusé, Pierre écoute… cela semble venir de l'arbre.

— Tu as entendu ? chuchote-t-il. On dirait un miaulement. Il ne peut pas y avoir de chat dans l'arbre !

Il dirige le faisceau de tous côtés pour essayer de trouver l'animal. Soudain, il saisit le bras de Colin et, sans un mot, désigne quelque chose. Dans l'étroit rayon lumineux, deux pieds nus se balancent.

Quelqu'un est assis dans l'ombre, en silence. Mais QUI ?

CHAPITRE 9

L'inconnu dans l'arbre

D'un geste rapide, Pierre saisit les deux chevilles qui s'agitent dans tous les sens en même temps qu'un hurlement retentit.

Mais Pierre ne lâche pas prise.

— Qui que tu sois, descends ! crie-t-il, furieux. Comment as-tu osé monter dans notre arbre et fouiller dans nos affaires ? Montre-toi !

— Laisse-moi ! répond la voix d'un jeune garçon.

À cet instant, un nouveau miaulement se fait entendre et, à la stupéfaction des enfants, un petit chat bondit d'une branche voisine. Il s'arrête, étonné, devant Pierre et Colin.

— Un chaton ! s'exclame ce dernier. C'est le garçon d'hier après-midi, il est revenu !

— Lâche mes pieds, continue de supplier la voix. Je vais tomber !

— Descends, alors, réplique Pierre, et ne fais pas de bêtises. On est à deux contre un.

Les deux amis voient apparaître une paire de jambes, puis un corps maigrelet. Bientôt l'inconnu se tient devant eux, l'air effaré et les traits tirés.

— Assieds-toi, ordonne Pierre. Et dis-nous ce que tu fais dans notre arbre.

Le garçon obéit. Il est tout pâle et ses cheveux, trop longs, dissimulent un de ses yeux.

— Je n'ai rien fait de mal. Je voulais me cacher, c'est tout. Je vous ai seulement pris quelques gâteaux, la nuit dernière. Mais si vous aviez eu aussi faim que moi, vous en auriez fait autant, je vous le promets.

— Pourquoi te caches-tu ? questionne Colin. Tu t'es sauvé de chez toi ?

— Je ne peux pas te répondre, tu irais tout raconter à la police.

— Pas du tout ! On n'a rien à voir avec la police, sauf si on nous interroge, bien sûr.

Le petit chat grimpe en silence sur les genoux de son maître et s'y blottit.

Les deux garçons voient qu'il a une patte blessée. L'inconnu le caresse avec douceur et l'animal se met à ronronner. Pour Pierre et Colin, ce garçon ne peut pas être méchant, sans quoi il ne serait pas aussi attaché à la petite bête qui s'abandonne à lui avec confiance.

Ils l'observent avec attention.

— Raconte-nous tout, insiste Pierre en l'éclairant de sa lampe. On pourra peut-être t'aider.

— Vous me permettez de venir ici la nuit ? s'enquiert le garçon. Au cas où ils me retrouveraient ? Ils savent que je suis dans le Bois-Bourru.

— Qui ça, « ils » ? Explique-nous ce qui t'est arrivé.

— Eh bien, voilà… soupire le garçon. Je m'appelle Arthur. J'habitais avec ma mère, mais elle a dû être hospitalisée. C'est là que tout a commencé. Comme mon père est mort, on m'a envoyé chez mon oncle Henri et ma tante Lise.

Il s'interrompt un moment.

— Continue, l'encourage Pierre. Pourquoi t'es-tu sauvé ?

— Je suis resté avec eux pendant toute une semaine. Mais maman ne sortait pas de l'hôpital, et personne ne voulait me donner de ses nouvelles. J'ai eu peur qu'elle ne revienne plus jamais à la maison… Qu'est-ce que je deviendrais ? Je n'ai rien à l'exception de mon petit chat.

— Mais ton oncle et ta tante se seraient occupés de toi, non ? interroge Pierre.

— Oui, probablement. Mais moi, je ne voulais pas. Ce sont des gens méchants. Maman me l'a toujours dit. Ils font des choses illégales.

— Quoi, par exemple ?

— Oh ! Je ne sais pas, moi. Ils volent, et font sans doute des choses encore plus graves. Avec moi, ils ont été corrects… enfin, je veux dire qu'ils m'ont nourri. Ma tante a raccommodé mes affaires. Mais ils criaient sans arrêt sur mon chat.

Colin et Pierre observent Arthur avec sympathie. L'aîné du Clan comprend très bien ce qu'il ressent. Lui aussi souffrirait si on maltraitait Moustique !

Il demande d'un ton hésitant, en montrant la patte blessée :

— Que lui est-il arrivé ?

— Il a détalé un jour que mon oncle le grondait de sa grosse voix, et sa patte s'est prise dans la clôture du jardin. Maintenant, la plaie commence à guérir, mais au début elle était très vilaine. Ce jour-là, je me suis sauvé avec mon chaton. D'abord je me suis caché dans une maison abandonnée, mais ils étaient sur ma trace. Alors je me suis réfugié dans le bois. J'ai compris que vous étiez dans l'arbre quand votre chien a sauté sur moi. J'ai attendu votre départ pour y grimper.

— Et pour manger nos gâteaux et notre chocolat. Je comprends ! s'exclame Pierre.

Il prend un instant pour réfléchir avant de poursuivre :

— Mais pourquoi ton oncle et ta tante se donnent-ils tant de mal pour te retrouver ? S'ils sont méchants et malhonnêtes, ils devraient se désintéresser de toi…

— Ce n'est pas ma tante, mais mon oncle et son ami, M. Touyet, qui me traquent. Ils pensent que j'en sais trop.

— Trop de quoi ? demande Colin.

— Je vais tout vous expliquer, répond Arthur. La nuit, je dormais au salon et, un soir, je les ai entendus discuter… ils organisaient quelque chose, mais je ne comprenais rien à ce qu'ils racontaient. Dans un demi-sommeil, je me suis retourné et j'ai fait craquer le lit. Mon oncle est entré dans une colère noire en m'accusant de les espionner.

— Et maintenant que tu t'es sauvé, ils craignent que tu racontes ce que tu as entendu, conclut Colin. Qu'as-tu entendu ?

— Rien de compréhensible. Mais ils sont persuadés du contraire et veulent me rattraper. Aujourd'hui, j'ai aperçu M. Touyet et son chien dans le bois. Ils me font peur. C'est pourquoi je suis monté dans votre arbre. Est-ce que je pourrais y rester ?

— Bien sûr ! Reste dormir ici cette nuit. Prends des coussins, ce sera plus confortable. Demain, on reviendra tous et on tiendra conseil. Fais-moi confiance. Le Clan des Sept va s'occuper de toi !

Une importante réunion

Pierre et Colin aident le garçon à s'installer. Perché sur une branche voisine, le chat observe tout, petite boule de poils aux yeux gris étincelants.

— Finis nos gâteaux, propose Colin, et bois si tu as soif. Ah ! J'allais oublier le fameux livre sur les bateaux.

Avec soin, il sort le volume de sa cachette, et les deux amis descendent lentement de l'arbre. Ce qui est bien plus difficile à faire la nuit qu'au grand jour !

— Bonne nuit, leur crie Arthur, plein de gratitude. Merci pour votre aide. À demain !

Pourrez-vous apporter un peu de lait pour mon chat ?

— Oui, oui, avec plaisir, et même un morceau de poisson si on en trouve, assure Pierre depuis le sol. Attention de ne pas dégringoler en dormant !

— Soyez tranquilles, je prendrai mes précautions.

La voix du garçon est désormais bien plus enjouée.

Colin et Pierre reprennent le chemin de la maison tout en discutant de cette étrange rencontre et de l'histoire qu'ils viennent d'entendre.

— Quelle est ton opinion sur l'oncle d'Arthur et sur son ami, ce M. Touyet ? questionne Pierre. Je me demande ce qu'ils peuvent bien comploter et pourquoi ils ont si peur qu'Arthur ait entendu quelque chose. S'il s'agit d'un vol, on doit tout faire pour les empêcher d'agir !

— Si on arrive à avoir des précisions de la part d'Arthur, il faudra en parler à quelqu'un… à tes parents, par exemple.

— Le mieux serait que le Clan des Sept prenne d'abord l'affaire en main. Demain, on tiendra conseil là-haut, dans l'arbre. Arthur pourra y prendre part. Ce qu'il a entendu pourrait servir !

— D'accord, approuve Colin. Je préviendrai les autres demain matin. Je leur raconterai notre aventure et leur donnerai rendez-vous.

— Oui, acquiesce l'aîné du Clan. N'oublie pas le mot de passe, et que personne ne s'avise de le hurler ! Surtout, chacun doit avoir son badge. Je vous attendrai au pied du hêtre.

— D'accord, s'enthousiasme Colin. Tiens, on est arrivés chez toi. Quelle chance que j'aie oublié ce fameux livre dans l'arbre… sans ça, on n'aurait pas rencontré Arthur !

Les amis se séparent. Pierre envisage dans un premier temps de réveiller Jeannette pour tout lui raconter, puis juge préférable d'attendre jusqu'au matin.

Le lendemain, c'est la grande agitation quand les membres du Clan des Sept apprennent qu'une réunion est organisée !

— On emmène Moustique ? demande Pam. Il risque d'effrayer le chaton.

— Mais non, proteste Pierre, il est très doux avec les chats. De toute façon, il fera le guet en bas et le chaton sera dans l'arbre avec Arthur. Tiens, je ne dois pas oublier la bouteille de lait, la soucoupe et le morceau de poisson…

— Heureusement qu'il en restait du dîner, fait remarquer Jeannette. Je vais l'envelopper dans une feuille de papier aluminium. Pauvre petit chat ! J'espère que sa patte va vite guérir…

À dix heures précises, le Clan au grand complet est réuni au pied de l'arbre. Dans un murmure, chacun prononce le mot de passe.

— Aventure !

— Aventure !

— Aventure ! Le garçon est là-haut ?

— Oui, oui ! Tu as ton badge ? Bon ! Tout le monde est là ! Alors, en route. Moustique, monte la garde !

Moustique regarde Pierre, remue la queue et, au pas de course, regagne son poste. Assis sur son bout de tapis, l'air sérieux, il semble avertir les intrus : « Je veille, gare à vous ! »

Pierre grimpe le premier, la bouteille de lait dans sa poche et la soucoupe entre ses dents. Les autres le suivent. Il ne tarde pas à apercevoir Arthur qui, alerté par le bruit, cherche avec inquiétude à voir qui arrive.

— Salut, Arthur ! lance Pierre en se hissant sur la plateforme. Comment s'est passée la nuit ? Comment va ton chat ?

— Sa patte va mieux. J'ai dormi toute la nuit, sauf quand le vent soufflait trop fort.

Dites, vous êtes combien ? Vous n'allez pas me dénoncer, hein ?

— On est sept, répond Pierre. Fais-nous un peu de place. On forme un club secret, le Clan des Sept. On tient des réunions et, pour y assister, il faut connaître le mot de passe et porter un badge. Surtout, on mène des enquêtes !

Arthur, assis au bout de la plateforme, observe tour à tour ceux qui apparaissent. Il reconnaît Colin. Les autres, Babette, Jeannette, Pam, Georges et Jacques, lui adressent un large sourire en arrivant. Le chaton miaule.

— Tiens, minou, voici du lait !

Pierre lui en verse un peu dans la soucoupe qu'il a apportée.

— Jeannette, donne-lui son morceau de poisson.

Les enfants regardent le petit chat se jeter sur la nourriture et laper le lait en ronronnant. Ils sont tellement attendris qu'ils en oublient la réunion !

Arthur est très ému. Il les regarde tous les uns après les autres avec reconnaissance.

— Merci, leur dit-il, merci beaucoup !

Arthur rassemble ses souvenirs

Pierre a apporté du jambon et du cake. Colin, de son côté, tend à Arthur un gros morceau de pain et du beurre. Le garçon ne prend même pas le temps de couper une tranche... il mord avec avidité dans la miche, sous les yeux stupéfaits du Clan.

Jeannette suggère :

— Pourquoi ne pas en faire un sandwich ? Avec du jambon et du beurre, ce sera meilleur que du pain sec !

Après avoir englouti toutes ces victuailles, sauf les biscuits, qu'il réserve pour plus tard, le garçon s'essuie la bouche avec sa manche.

— Vous n'imaginez pas comme je me suis régalé !

Le petit chat lui aussi a terminé son repas. Assis en face d'Arthur, il fait sa toilette.

— Pauvre petit… murmure Jeannette en le caressant. Lui crier dessus… Comment peut-on être aussi méchant ?

— M. Touyet est un homme terrible, assure Arthur. Encore pire que mon oncle. Moi aussi, il a passé son temps à me gronder.

Pierre s'adosse contre le tronc de l'arbre.

— Maintenant, dit-il, on voudrait que tu nous dises tout ce que tu sais. On va essayer de tirer au clair ce que ton oncle et M. Touyet complotaient – sûrement une mauvaise action, qu'on peut peut-être encore arrêter.

Arthur les observe, effaré.

— L'arrêter ! Qui peut l'arrêter ? Pas moi, ni vous ! Personne ne pourra empêcher M. Touyet d'agir, pas même la police. De toute façon, je ne sais rien…

— Arthur, écoute. Il faut que tu réfléchisses… Essaie de te souvenir. Tu nous as dit que tu étais couché sur le canapé du salon pendant que ton oncle et son M. Touyet discutaient. Tu as bougé en te réveillant. Ça les a rendus furieux, parce qu'ils ont pensé que tu avais entendu ce qu'ils disaient. Tu te rappelles sûrement quelques-uns des mots qu'ils ont prononcés, pas vrai ?

— Non, réplique le garçon, le regard vague. Persuadé qu'Arthur peut encore sonder sa mémoire, Pierre poursuit :

— Tu as peur de M. Touyet, pas vrai ? C'est pourquoi tu ne veux rien dire. Mais tu peux nous faire confiance. Nous voulons t'aider et il ne t'arrivera rien de mal.

Arthur, pensif, caresse le chaton qui ronronne.

— C'est vrai, vous avez été très gentils avec moi, admet-il enfin. Je vais essayer de me rappeler ce que j'ai entendu. Mais je doute que vous y compreniez quelque chose...

— Tant pis, dis toujours ! l'encourage Colin.

Arthur fronce les sourcils et fait un effort de mémoire.

— Voyons, commence-t-il, j'étais en train de dormir... je me suis réveillé... j'ai entendu leurs voix...

— Oui, continue, presse Pierre.

— Après ? Je ne sais pas de quoi ils parlaient. J'avais trop sommeil pour comprendre. J'ai seulement entendu quelques mots... des mots qui ne veulent rien dire.

— Quels mots ? insiste Babette.

Elle bouillonne d'impatience. Elle voudrait secouer Arthur pour qu'il parle plus vite !

— Ils parlaient... de DU 54. Oui, ça, je m'en souviens. DU 54.

— DU 54 ? répète Jacques. Peut-être un code pour communiquer avec un complice ?

— Je ne sais pas, soupire Arthur. Mais je me souviens de DU 54 et aussi d'une date : jeudi 25. Ils l'ont répétée au moins trois ou quatre fois. C'est jeudi prochain, non ?

— Oui, acquiesce Pierre. Ils vont sans doute agir ce jour-là. Continue, Arthur. Ça devient passionnant !

— Ne me pressez pas, ou je vais perdre le fil...

Tout le monde se tait pour laisser le garçon réfléchir. Personne ne veut qu'il « perde le fil ».

Arthur reprend lentement, le front plissé par l'effort :

— Ils ont aussi parlé de quelqu'un... un nom... ah ! Garance Chemin, c'est ça ! Ils n'arrêtaient pas de parler de Garance Chemin. Je m'en souviens parfaitement.

— Garance Chemin ? Voilà au moins un renseignement précis, commente Colin. On pourra peut-être trouver qui c'est.

— Y a-t-il encore autre chose ?

Arthur est content. Il tente de se remémorer cette nuit sur le canapé, et la voix des deux hommes résonne encore dans ses oreilles.

— Oui ! s'écrie-t-il soudain, il a été question d'une boîte bleue, ça m'a intrigué. Je me souviens d'une boîte bleue !

Les autres sont tout aussi intrigués.

— DU 54, jeudi 25, Garance Chemin, une boîte bleue, récapitule Pierre. Drôle de mélange ! Comment déduire quoi que ce soit de ce fatras ? La seule solution est de trouver cette Garance Chemin. Tu es certain que tu n'as pas d'autres indications, Arthur ?

— Encore une : il a été question, à un moment donné, de soupirail. Ils ont dit : « Observer par le soupirail ». Mais ça ne vous avance pas beaucoup…

En effet, le mystère n'en est que plus grand. Le Clan des Sept saura-t-il l'élucider ?

Discussions et projets

Arthur a épuisé tous ses souvenirs. Pressé de questions par les Sept, il commence à fatiguer. Pierre s'en aperçoit.

— Ça suffit, décide-t-il, on va discuter de tout ce qu'on vient d'apprendre en mangeant des biscuits et en buvant un bon jus. Ça nous aidera ! Sers-toi, Arthur.

Bien qu'une heure à peine se soit écoulée depuis son dernier repas, Arthur est de nouveau affamé. Le chaton aussi. Il lèche des miettes de sablés sur les doigts de Jeannette.

— Il va bien mieux, se réjouit Arthur, avant de se figer. Oh ! Écoutez ! Votre chien aboie !

En effet, Moustique émet d'abord quelques grognements, qui éclatent en aboiements sonores. Pierre essaie de voir ce qui se passe à travers le feuillage. Arthur, effrayé, s'accroche au bras de Colin.

— Ne m'abandonnez pas. Je vous en supplie ! Ne les laissez pas me reprendre !

Au pied de l'arbre, deux hommes discutent. Pierre demande à Arthur de les regarder. Ce dernier, en les apercevant, a un mouvement de recul. Il a l'air si terrifié que Pierre comprend immédiatement que ces individus ne sont autres que M. Touyet et son oncle. Ils le cherchent donc toujours, et le hasard les a menés juste sous le hêtre où il s'est réfugié ! Heureusement, les deux hommes l'ignorent. Pour l'instant, c'est Moustique qui accapare leur attention. Il bondit autour d'eux, la gueule ouverte, grognant et essayant de les attraper. Il ne les aime pas du tout !

— Tais-toi, sale cabot ! gronde l'un des hommes.

Pierre suit la scène avec colère. Moustique, lui, a bien compris l'intention des inconnus, et sa rage n'a plus de limite. Il bondit et ses deux adversaires ont tout juste le temps de prendre leurs jambes à leur cou !

Moustique les poursuit quelque temps puis revient, haletant et très satisfait.

— Bravo ! Tu es le meilleur des chiens, le félicite Pierre d'une voix sonore, et Moustique agite la queue. Continue de monter la garde !

L'animal retourne à sa place, très content.

Les Sept poussent un soupir de soulagement. Le pauvre Arthur, blanc comme un linge, tremble de tous ses membres. Son chat s'est réfugié sous sa veste.

— Courage, Arthur, dit Pierre. Notre chien leur a fait peur et ils sont loin. Je me demande s'ils ont deviné où tu étais...

— Ils ont probablement retrouvé ma trace à cause du chat. Ils ont dû demander si on n'avait pas aperçu un garçon avec un chaton. J'ai rencontré du monde dans le bois : des bûcherons, des promeneurs... M. Touyet et mon oncle finiront certainement par me rattraper.

— Non, on ne les laissera pas faire ! répond fermement Pierre. Il est temps de prendre des décisions.

La discussion qui suit est très animée. DU 54 ? Que veut dire ce code ? Et la boîte bleue ? Le mystère persiste. La date du 25, au moins, est précise. Mais que se passera-t-il ce jour-là ?

Et le soupirail ? Où est-il ? Que doit-il permettre d'observer ?

— Sherlock Holmes, le fameux détective, ne ferait pas mieux que nous avec ces maigres indices, soupire Pierre.

— Vous ne croyez pas qu'on devrait avertir des adultes ? Tes parents, Pierre ?

— Oui, ça vaut mieux…

Pourtant, l'aîné des Sept n'en a aucune envie.

— Si on avait pu, tout seuls, trouver une explication, on aurait agi immédiatement. Mais maintenant, je ne vois pas ce qu'on peut faire, sauf découvrir qui est cette Garance Chemin.

— Comment ? questionne Babette.

— Demandons à la poste, suggère Georges, pris d'une inspiration subite. Ils connaissent l'adresse de tout le monde.

— Bonne idée, approuve Pierre. En rentrant chez vous, toi et Georges, vous pourrez vous y arrêter. Et si on n'arrive à rien, il sera toujours temps de parler aux parents.

— N'allez pas à la poste, je vous en prie, supplie Arthur. J'aurai des ennuis si la police s'en mêle.

— Désolé, dit Pierre. Mais il faut éclaircir ce mystère. C'est bien dommage qu'on ne puisse pas le faire seuls. C'est notre premier échec ! Mais il faut l'avouer, cette affaire est trop difficile pour nous.

— Il est temps de partir, interrompt Georges. Je me fais gronder tous les jours à cause de mes retards, vous autres aussi, probablement.

— Oh oui ! répond Jeannette. Dépêchez-vous, vous devez encore passer à la poste.

— Quand reviendrez-vous ? demande Arthur, inquiet.

— Cet après-midi, probablement. On t'apportera quelque chose à manger. De toute façon, tu peux finir les biscuits et le chocolat. Ça te fera passer le temps... Et n'aie pas peur. Tu n'as rien à craindre ! Personne ne peut imaginer que tu es caché ici.

Arthur en doute, visiblement. Il les regarde tous descendre et voit Moustique les accueillir joyeusement. Le chaton, entendant les jappements du chien, se réfugie sous sa veste.

« Si M. Touyet entend ces aboiements, il saura immédiatement que je suis là, pense le garçon, pris de panique. Et s'il monte pour m'attraper, je n'aurai aucun moyen de lui échapper ! »

CHAPITRE 13

Garance Chemin

Georges et Jacques, comme convenu, s'arrêtent à la poste. Ils connaissent bien la postière et celle-ci les accueille avec un grand sourire.

— Excusez-moi de vous déranger, commence Georges, poliment, mais on aurait besoin d'un renseignement, et vous pourriez peut-être nous le donner. On cherche l'adresse d'une certaine Garance Chemin. C'est très important.

— Je vais vous dire cela tout de suite, répond la jeune femme en consultant des documents.

Les garçons attendent patiemment. Soudain, la postière s'exclame :

— Voilà, j'ai trouvé ! Madame Garance Chemin... elle habite au 1, rue de l'Église. C'est forcément celle que vous cherchez car il n'y a qu'une seule Garance Chemin. Je vois bien une Elisabeth ou une Marie Chemin, mais c'est tout.

— Oh, merci mille fois ! s'enthousiasme Georges, ravi. Le 1, rue de l'Église. Ce n'est pas difficile à mémoriser.

Ils sortent du bureau de poste.

— Après le dîner, on ira raconter ça à Pierre, décide Jacques. Ensuite, on se rendra tous ensemble rue de l'Église, pour enquêter et en apprendre plus sur cette Garance Chemin.

Jeannette et Pierre écoutent avec la plus grande attention les informations rapportées par leurs amis.

— Il faut aller chez cette dame ! annonce l'aîné du Clan. Qui sait ? Elle connaît peut-être M. Touyet.

— Oui. Si ça se trouve, elle pourra nous dévoiler certaines choses à son sujet, ou même au sujet de l'oncle d'Arthur, renchérit Georges. On appelle les autres ?

— Non... Mme Chemin trouverait suspect de voir arriver toute une bande d'enfants. Mieux vaut y aller en petit comité.

Les voilà tous partis pour la rue de l'Église.

Le n° 1 est une charmante petite maison, avec des rideaux en dentelle aux fenêtres et un jardin bien entretenu. Les quatre amis s'arrêtent devant la grille pour choisir lequel d'entre eux partira en éclaireur et ce qu'il devra dire.

— C'est à toi d'y aller, Pierre, déclare Georges. Nous, on s'est chargés de la poste. D'ailleurs, je ne saurais pas quoi dire à Mme Chemin.

— D'accord… avec toi, Jeannette, si tu veux bien.

Le frère et la sœur traversent le jardin et sonnent à la porte.

Une fillette leur ouvre et écarquille les yeux en les voyant, mais ne dit pas un mot.

— Euh… Bonjour, est-ce que Mme Garance Chemin est là, s'il te plaît ? s'enquiert Pierre.

— Garance Chemin ? Je n'ai jamais entendu ce nom-là.

L'aîné du Clan reste interdit.

— Mais… à la poste, on nous a dit qu'elle habitait ici. Tu es sûre qu'il n'y a pas de Garance Chemin chez toi ? Comment s'appelle ta mère ?

— Maman s'appelle Marguerite Charrier, répond la petite fille, et moi je suis Adèle.

À cet instant, une voix appelle du fond du couloir :

— Qui est-ce, Adèle ?

— Je ne sais pas, maman… Deux enfants qui cherchent quelqu'un qui n'habite pas ici.

Une dame arrive à son tour, les mains blanches de farine. Elle sourit au frère et à la sœur.

— Je suis en train de faire un gâteau… précise-t-elle. Que voulez-vous, exactement ?

— Ils demandent à voir une certaine Garance Chemin, répond Adèle. Mais il n'y a personne qui porte ce nom-là chez nous, pas vrai, maman ?

— Garance Chemin ? Mais si, ma chérie. C'est ta grand-mère !

La fillette est muette de surprise.

— Je ne savais pas que mamie s'appelait Garance… Tu l'appelles toujours « maman », et moi « mamie » !

— Et pourtant, elle a bien un prénom, comme tout le monde ! assure Mme Charrier en riant.

Elle se tourne vers Pierre et Jeannette.

— Elle n'habite plus ici, explique-t-elle.

Elle est partie vivre au bord de la mer et nous a laissé sa maison. Vous souhaitiez lui parler ?

— Non, euh… oui, enfin… ça ne fait rien, bafouille Pierre. Merci beaucoup, madame, et excusez-nous de vous avoir dérangée en pleine séance de pâtisserie.

Sa sœur et lui repartent penauds.

— Cette fille ne connaît même pas le nom de sa grand-mère ! s'exaspère Jeannette.

— C'est normal, à son âge, tempère son frère.

Jeannette est pensive.

— Tu crois qu'une vieille dame pourrait avoir un rapport avec les projets de M. Touyet ?

— Non... Une personne âgée ne se compromettrait pas dans une sale affaire. De toute façon, elle n'habite plus là. Ce n'est donc pas la Garance Chemin qu'on cherche. Sauf qu'ils n'en connaissent pas d'autre à la poste…

Ils marchent en silence. Pierre soupire :

— Je crois qu'il va falloir en parler aux parents. Cette fois, c'est trop compliqué pour nous. On n'arrivera pas à tirer quoi que ce soit de cette histoire… la boîte bleue, DU 54… c'est incompréhensible !

C7

CHAPITRE 14

Émotion

M. et Mme Dufour sont à la maison quand les enfants rentrent. Pierre les interpelle aussitôt :

— Maman, papa, le Clan a mis au jour une affaire mystérieuse…

Tous deux lèvent la tête d'un seul mouvement.

— Qu'avez-vous fait encore ? Rien de grave, j'espère, répond M. Dufour.

— Eh bien… je ne sais pas, admet Pierre. Tout est si embrouillé, si difficile, qu'on ne se sent pas capables de s'en sortir seuls. Alors on a décidé de vous en parler.

— Je brûle d'impatience de tout savoir ! ironise son père. Je ne peux plus attendre !

— Oh ! Papa, ne te moque pas de nous. Notre Clan est un club secret très sérieux, tu sais bien qu'on a déjà réussi à démêler des tas d'affaires.

— Je ne me moque pas de vous, assure M. Dufour. Je vous écoute, comme votre mère.

Pierre et Jeannette commencent leur long récit : la construction de la cabane dans l'arbre, Arthur et son petit chat, son oncle et M. Touyet, et tous ces mots bizarres dont Arthur s'est souvenu.

M. Dufour écoute attentivement, et les interrompt de temps en temps pour poser une question. Mme Dufour pousse quelques exclamations et déclare une ou deux fois que cette construction dans l'arbre lui paraît bien dangereuse.

À la fin, le père de Pierre et Jeannette déclare :

— Cela demande réflexion. Mais si vous voulez mon avis, votre nouvel ami a inventé cette histoire de toutes pièces. Il est triste parce que sa mère est à l'hôpital, ce qui est bien normal ; il n'aime ni son oncle ni sa tante, et comme il ne s'entend pas avec eux, il a fugué. Enfin, pour vous remercier d'avoir été gentils avec lui, il a raconté cette histoire en pensant qu'elle vous plairait.

— Comment peux-tu imaginer une chose pareille ? s'indigne Jeannette. Il n'a rien inventé. J'en suis sûre et certaine ! Son petit chat avait vraiment mal à la patte.

— Alors, allez me chercher ce garçon et amenez-le ici, décide M. Dufour. Je l'interrogerai moi-même, et je verrai bien s'il y a quelque chose de vrai dans son histoire. Si oui, nous alerterons la gendarmerie.

— Mais il ne veut absolument pas que la police s'en mêle, précise Pierre.

— Évidemment, si son histoire est fausse ! Nous tirerons cela au clair. Dépêchez-vous d'aller le chercher. Promettez-lui que je ne le mangerai pas ! Quant à toutes ces phrases étranges qu'il pense avoir entendues dans un demi-sommeil, je suis persuadé qu'il les a rêvées. Allons, ne soyez pas si bouleversés, tous les deux ! Quand vous serez un peu plus vieux, vous apprendrez à ne pas croire tout ce que vous entendez.

— Papa, je t'assure qu'il ne mentait pas, j'en suis certaine ! insiste Jeannette, au bord des larmes.

— Dans ce cas, nous pourrons certainement faire quelque chose pour lui. Allez le chercher. Je finis un travail urgent et je serai prêt à lui parler dès que vous reviendrez.

Le frère et la sœur prennent à nouveau le chemin du bois. Ils sont tristes et inquiets de sentir leurs parents si convaincus qu'Arthur a menti. Comment obtiendront-ils que le garçon les accompagne ? Et même s'il acceptait, il serait sans doute si intimidé qu'il n'ouvrirait pas la bouche.

— Pourvu qu'il accepte de nous suivre, soupire Pierre.

Arrivé au pied de l'arbre, il appelle :

— Arthur, descends, il y a du nouveau !

Pas de réponse. Pierre crie plus fort :

— Arthur, c'est moi, Pierre ! Viens. C'est très important. Il n'y a rien à craindre, on est seuls, Jeannette et moi.

Silence... Hormis un miaulement à peine perceptible, qui parvient de là-haut.

— Si le chaton est dans l'arbre, Arthur doit s'y trouver aussi, analyse l'aîné du Clan. Pourquoi ne répond-il pas ? Je vais voir.

Avec agilité, il saisit les branches et grimpe jusqu'à la plateforme. Les coussins sont éparpillés. Le petit chat se précipite vers lui en miaulant. Mais pas trace d'Arthur... Pierre regarde plus haut, vers le sommet de l'arbre. Il appelle, s'époumone... en vain. Il n'y a personne. Soudain, il aperçoit un bout de papier coincé dans une fente de l'écorce. Il s'en empare rapidement et lit :

— *Ils m'ont trouvé. Ils ont menacé de prendre mon chat si je ne descendais pas. Alors, j'ai dû obéir. Je vous confie mon chaton. Occupez-vous bien de lui et merci encore. Arthur.*

Pierre descend du hêtre avec une telle précipitation qu'il s'écorche les mains et les genoux. Il tend le papier à Jeannette.

— Pauvre Arthur ! Ils l'ont découvert. Moustique a sans doute éveillé leurs soupçons en aboyant, et ils ont dû revenir après notre départ.

Jeannette est bouleversée.

— Que faire ? On ne connaît même pas son adresse. Regarde, Pierre, le petit chat descend tout seul de l'arbre.

Pierre prend l'animal dans ses bras. Ce dernier miaule doucement.

— Ne t'inquiète pas, dit-il. Tu n'es pas abandonné. Mais où ton maître a-t-il bien pu passer ? Je donnerais cher pour le savoir.

CHAPITRE 15

Georges a une idée

Jeannette et Pierre rentrent à la maison. Ce dernier tient le chat serré contre lui. M. Dufour les attend au salon.

— Alors, où est le fameux Arthur ? leur demande-t-il dès qu'il les aperçoit.

— Parti, répond l'aîné des Sept avant de lui montrer la note laissée par le garçon.

— C'est bien ce que je pensais, commente son père. Vous n'entendrez plus jamais parler de lui. Demandez à maman si elle est d'accord pour garder le chaton, même si nous n'avons vraiment pas besoin d'un autre animal à la maison... Ce n'est pas bien de la part de cet Arthur de l'avoir abandonné.

— Il ne l'a pas abandonné, papa ! s'exclame Jeannette, qui retient ses larmes. Il a été obligé de partir à cause de ces bandits !

Mais M. Dufour n'y croit pas. Il hausse les épaules et retourne à son travail.

Jeannette et Pierre échangent un regard triste.

Et si leur père avait raison ? Et si Arthur avait tout inventé ?

Jeannette, furtivement, s'essuie les yeux.

— Et maintenant ?

Pierre réfléchit.

— Il faut laisser tomber cette enquête. On ne peut pas aller contre ce que dit papa, et, de toute façon, on n'arrivera à rien tout seuls. On ne parvient pas à comprendre ce que signifient les mots que nous a rapportés Arthur. Maintenant il est parti, et on ne sait même pas où il est. On ne pourra pas lui faire répéter son histoire devant quelqu'un d'autre.

— Il faut réunir le Clan, décide Jeannette, l'air grave. Les autres ne vont pas être contents quand on leur dira ce qui s'est passé. L'aventure commençait si bien et aurait pu devenir passionnante. Je n'arrive pas à croire qu'Arthur nous ait menti... Il paraissait pourtant sincère !

— Je suis d'accord, reconnaît Pierre. Rédigeons les convocations. On les glissera dans les boîtes aux lettres des Sept. La réunion aura lieu demain, dans la remise plutôt que dans l'arbre. Ça vaut mieux, je crois.

Le lendemain matin, à dix heures, le Clan des Sept se réunit dans l'abri. Pierre et Jeannette ne peuvent s'empêcher de trouver ridicule le mot de passe « aventure », puisqu'ils savent que l'aventure n'aura pas lieu.

— J'ai de mauvaises nouvelles à vous annoncer, commence l'aîné du Clan une fois la porte fermée. On a tout raconté à papa. Il n'a rien voulu croire et nous a demandé de lui amener Arthur, pour pouvoir l'interroger lui-même. Seulement, quand nous sommes allés le chercher dans l'arbre, il avait disparu.

Les autres sont sidérés.

— Disparu ? répètent-ils.

Pierre sort le morceau de papier de sa poche et lit gravement le message.

— On a gardé le petit chat, précise-t-il. C'est tout ce qu'il reste d'Arthur et de sa drôle d'histoire.

— Alors on arrête les recherches ? demande Georges, consterné. Je commençais vraiment à me prendre au jeu !

— Je sais. Mais c'est comme ça… Notre premier échec.

L'ambiance est morose. Chacun affiche une mine sombre. Où peut bien être Arthur ? Leur a-t-il vraiment menti ? Ils ont tous peine à le croire.

— Enfin, quand même ! s'écrie soudain Colin. M. Touyet et l'oncle, on les a vus, en chair et en os. Arthur ne les a pas inventés.

— Non, mais ces hommes n'étaient peut-être ni son oncle ni M. Touyet, réplique Pierre. Comment savoir s'ils n'étaient pas tout simplement des bûcherons ou des rôdeurs ? De toute façon, ils paraissaient inquiétants !

Il y a un long silence.

— Bon, dit Georges, puisque tout est fini, changeons-nous les idées. Si on allait dans notre arbre ?

— Je n'en ai pas envie, répond Jeannette. Et vous ? Je suis tellement déçue. Je me sens de très mauvaise humeur.

Tout le monde s'esclaffe. Jeannette n'est jamais de mauvaise humeur ! Colin lui tape gentiment sur l'épaule.

— Ne t'inquiète pas, ça va passer… D'ailleurs, que cette affaire soit terminée ou non, j'ai bien l'intention de continuer à garder l'œil ouvert. Qui sait ? Je croiserai peut-être cette Garance Chemin dans la rue, avec une boîte bleue dans les bras et les lettres DU 54 écrites dessus !

Un éclat de rire général retentit à nouveau, et le Clan se sépare avec plus d'entrain.

— On est quel jour ? demande Georges à Colin tandis qu'ils s'éloignent ensemble.

— Mercredi 24, je crois. Le jour J est demain, selon Arthur… Il a probablement inventé la date, comme le reste. Et maintenant, qu'est-ce qu'on va faire ? La matinée est à peine commencée.

— Si on allait au canal ? propose Georges. On regardera passer les péniches et on s'amusera avec nos bateaux…

— D'accord, accepte Colin. Je vais chercher le mien. Rendez-vous dans cette rue qui passe sous le pont du chemin de fer.

— Quelle rue ? s'enquiert Georges, mais Colin s'éloigne déjà.

Il répète, plus fort :

— Colin, de quelle rue parles-tu ?

— Tu sais bien ! Le grand-chemin !

Mais Colin est déjà loin et Georges a du mal à comprendre ce qu'il a dit. Cela ressemble à « Garance Chemin ». Il s'arrête net : grand-chemin, Garance Chemin…

Brusquement, tout s'éclaircit. Arthur a mal entendu ! Son oncle n'a pas parlé de Garance Chemin, mais de *grand-chemin* ! C'est évident !

Georges s'élance, au comble de l'excitation.

— Il faut que j'aille voir ce qui se passe au grand-chemin ! Qui sait ?

La boîte bleue

Les deux garçons, chacun avec son bateau, se retrouvent à l'entrée du grand-chemin. Aussitôt, Georges fait part de sa découverte à Colin :

— Quand tu as crié grand-chemin, j'ai compris Garance Chemin, dit-il. C'est sans doute ce qu'Arthur a entendu, à moitié endormi. Le *grand*-chemin !

— Alors tu crois que demain, quelque chose va arriver par le grand-chemin ? questionne Colin, les yeux ronds. Si seulement c'était vrai ! Mais qu'est-ce que ça peut bien être ?

Les deux amis examinent le grand-chemin… qui, en réalité, est plus une route qu'un chemin. Autrefois, c'était sans doute un sentier de campagne. Maintenant, c'est une large rue bordée de grands entrepôts. Elle mène au canal et peut être très fréquentée. Une foule de gens s'y presse, circulant d'un hangar à l'autre en portant des colis. Difficile d'imaginer qu'on organise un vol au milieu de tant de monde !

Colin et Georges inspectent la rue en détail. Ils arrivent à la hauteur d'un hangar dont le mur est percé, à sa base, d'un soupirail grillagé. Les garçons se baissent pour jeter un coup d'œil par l'ouverture. Au sous-sol, des employés sont occupés à faire des paquets. Le soupirail leur renvoie l'air, la lumière... et la poussière de la rue.

— Quelqu'un pourrait s'installer ici pour observer ce qui se passe dans ce sous-sol, comme l'a dit Arthur, commente Georges. Mais pourquoi ?

— Ce n'est pas d'ici, mais de l'intérieur qu'on peut guetter, estime Colin. En se mettant debout sur une table, dans le sous-sol, on peut facilement inspecter la rue. Et si le sous-sol est dans l'ombre, on est invisible de l'extérieur. C'est donc un excellent poste d'observation.

— Possible, admet Georges, pensif. Un soupirail d'où surveiller le grand-chemin...

Serions-nous sur la bonne piste ?

— Je ne crois pas. Sinon, on verrait une boîte bleue dans les environs, ou on entendrait quelqu'un appeler « DU 54… DU 54 ! »

Les garçons font voguer leurs bateaux sur le canal jusqu'à l'heure du déjeuner. Puis ils rentrent chez eux, non sans jeter au passage un coup d'œil à travers le grillage du soupirail. Le sous-sol est désert, les employés sont allés déjeuner. Au moment de se séparer, les deux amis décident d'aller raconter leur découverte à Pierre.

— Allons le voir après le repas. Il faut qu'il soit au courant, même si c'est une fausse piste.

Mais Pierre trouve ces nouveaux indices très intéressants.

— Quelle perspicacité ! Garance Chemin, grand-chemin… Maintenant, ça paraît clair. Mais pour le soupirail, je suis moins sûr... Il y a des soupiraux partout.

— Pas le long du grand-chemin, affirme Colin. On a bien regardé et on n'a repéré que celui-là.

— Eh bien, on ira s'en rendre compte sur place cet après-midi, Jeannette et moi !

À leur arrivée, la rue est morne et déserte. Ils inspectent le soupirail avec attention.

Colin a raison, c'est le seul dans les parages.

— Ça ne nous avance pas beaucoup, fait remarquer Pierre. En admettant que ce soupirail soit celui par lequel M. Touyet – ou je ne sais qui – veuille surveiller la rue, pourquoi le ferait-il ? Ce n'est pas interdit de regarder à travers un soupirail, que je sache...

— Sauf si c'est pour guetter l'arrivée de quelqu'un afin de le signaler à des complices qui lui sauteraient dessus à l'improviste... déclare Jeannette.

Pierre la regarde, étonné.

— En effet, c'est bien vu. Mais que peut-on apercevoir d'ici ? Mettons-nous dos au soupirail pour nous en rendre compte...

Ils prennent position et regardent attentivement l'entrepôt en face d'eux, puis le trottoir, le lampadaire et la route...

— Tout ce qu'on voit depuis le soupirail, constate Jeannette, c'est la maison d'en face... enfin, une partie seulement. Mais aussi la chaussée, le trottoir, le lampadaire et une boîte aux lettres bleue.

En prononçant ces mots, elle se fige. Les yeux brillants, elle répète :

— Pierre, Pierre, *la boîte bleue* !

— La boîte bleue ? Où ça ? demande son frère, intrigué, avant de s'exclamer : Mais oui, tu as raison, Jeannette ! Bravo ! La boîte bleue, c'est une boîte aux lettres, bien sûr ! Ça saute aux yeux !

À cet instant, une jeune fille s'approche justement de la boîte et y glisse une enveloppe. Cette fois, les enfants sont certains d'être sur la bonne voie ! La mystérieuse « boîte bleue » est bien une boîte aux lettres, visible depuis le soupirail du grand-chemin.

— On est près du but ! annonce Pierre, la mine soudain grave. Arthur n'a donc pas menti. Il a bien entendu des bribes de conversation, il ne les a pas inventées. Mais, comme il somnolait, il a tout compris de travers.

— Si seulement on savait ce que signifie DU 54, soupire Jeannette. Peut-être tous les hommes de la bande de M. Touyet portent-ils un numéro ou des lettres ? Enfin, c'est du bon travail. On a tiré au clair plusieurs points. Allons vite raconter ça aux autres !

DU 54

L'émotion est à son comble quand les autres membres du Clan des Sept apprennent les dernières nouvelles. Ils entourent Jeannette et la félicitent chaleureusement pour sa perspicacité au sujet de la boîte aux lettres.

Après avoir réfléchi un long moment, Babette émet l'idée que l'individu caché derrière le soupirail aura peut-être pour mission de signaler à quelqu'un d'autre le passage du facteur lorsque celui-ci relèvera le courrier.

— Le but de l'opération est peut-être de lui voler son sac postal, conclut-elle.

— C'est possible, approuve Pierre. Mais pourquoi voler des lettres ? Elles ne valent rien !

— Les lettres ordinaires, non. Mais les plis ou les colis recommandés peuvent contenir des objets de valeur ! C'est pourquoi le guetteur ne surveillera sans doute pas la boîte aux lettres... mais quelqu'un qui s'en approchera.

— On devrait peut-être raconter tout ça à papa, non ? interroge Pierre en regardant Jeannette tandis que la discussion se poursuit entre les autres. C'est demain que les bandits doivent agir... Il ne reste plus beaucoup de temps pour les en empêcher !

— Oui, on pourra lui en parler ce soir. D'ici là, on aura peut-être découvert un élément particulièrement important. Sans quoi je doute que papa changera d'avis...

— C'est sûr... Attendons ce soir, on verra bien. Salut à tous !

Le frère et la sœur arrosent tranquillement leur jardin, sans encore avoir eu le temps de faire part à leur père de leurs récentes déductions, quand Pam arrive en courant. Babette la suit de près.

— Pierre ! Jeannette ! On a une nouvelle incroyable ! On vient de voir DU 54 !

Stupéfaite, Jeannette laisse tomber son arrosoir et Pierre ouvre de grands yeux.

— Qui est-ce ? Où est-il ?

— Ce n'est pas une personne, c'est un camion ! explique Babette. On rentrait toutes les deux chez nous quand on a aperçu un camion près d'une boîte aux lettres. Vous savez, le gros camion de la poste !

— Et il était immatriculé DU 54 ! Du moins, l'immatriculation finissait par DU 54. On ne pouvait pas en croire nos yeux ! Il n'y a plus de doute, il s'agit de la plaque du fourgon postal.

— Mais il existe forcément d'autres voitures avec cette plaque…

— Je ne crois pas, réplique Pam. Les véhicules sont immatriculés à mesure qu'ils sortent. Je fais toujours très attention aux lettres, car j'attends de voir un Z, et je n'en ai pas encore aperçu dans notre ville. Donc, c'est bien de ce camion que parlaient les deux hommes.

Pierre s'assied sur un fauteuil de jardin.

— Essayons d'y voir clair. Tu as sans doute raison, Pam. Tout commence à coller. Mais que faire de ces informations ?

Il réfléchit longuement, les sourcils froncés.

— Imaginons qu'un camion postal emprunte le grand-chemin. Il est plein de sacs contenant des lettres et des paquets recommandés. Le postier sort du véhicule et se dirige vers la boîte aux lettres pour relever le courrier...

— Tu y es, tu y es ! s'écrie Pam, au comble de l'excitation. Quelqu'un, caché dans l'ombre du sous-sol, l'observe à travers le soupirail. Et au moment où l'employé ouvre la boîte avec sa clef, le bandit fait signe à des complices qui guettent quelque part…

— À ce signal, les complices se précipitent sur le camion, prennent la place du conducteur et se sauvent à toute vitesse avant que le postier ait le temps de réagir, continue Jeannette, comprenant à mi-mot ce que Pam veut dire.

Tous se regardent, haletants, les yeux étincelants. Ont-ils deviné ce qui se trame ? Ou est-ce trop beau pour être vrai ?

Pierre est le premier à rompre le silence :

— Il faut avertir papa ! Quelle chance que vous ayez remarqué ce numéro sur le camion, toutes les deux. Notre Clan a bien travaillé. Bravo ! Et dire que nous pensions connaître notre premier échec. Ah, justement, voilà papa !

En un instant, le père de Pierre se retrouve entouré d'enfants surexcités, décidés à le convaincre de l'extrême importance de leur découverte ! Il serre les lèvres, se gratte la tête et contemple les jeunes détectives avec des yeux malicieux.

— Bien, bien, cette fois l'histoire est différente, très ingénieuse, je dois le reconnaître. Je vais m'en occuper.

Il rentre dans la maison pour appeler la gendarmerie et explique la situation au capitaine :

— J'ai une bien curieuse histoire à vous raconter. Croyez-moi si vous voulez, mais il me semble utile de vous mettre au courant.

Dix minutes plus tard, le capitaine arrive chez les Dufour. Il s'installe dans le jardin et écoute le récit des enfants.

Quand ils ont terminé, il jette un regard au père de Jeannette et Pierre.

— Tout ceci me paraît très important. Il y a eu beaucoup de vols de sacs postaux, ces derniers temps. Il faut que cela cesse ! Nous allons enfin pouvoir mettre la main sur les chefs de bande, et cela grâce au Clan des Sept !

CHAPITRE 18

Secret absolu

Le gendarme se lève pour s'en aller, mais déjà enfants le pressent de questions :

— Que doit-on faire, maintenant ?

— Donnez-nous des instructions !

— Il me faut d'abord discuter de cette affaire avec des personnes compétentes, répond l'homme en souriant. Vous m'avez pris de court et je n'ai pas beaucoup de temps devant moi pour mettre sur pied un plan d'attaque. Selon vous, l'affaire est pour demain, n'est-ce pas ?

— Oui, acquiesce Pam. Mais il faut qu'on sache ce que vous allez faire ! Cette histoire nous concerne tout particulièrement…

— Demain matin, à dix heures, je vous avertirai de ce qui a été décidé, déclare le capitaine avec un clin d'œil complice. Réunissez votre club secret dans la remise, comme d'habitude. J'y serai et je vous exposerai le plan en détail.

Ce soir-là, il règne une telle excitation parmi les membres du Clan que leurs parents ont du mal à les envoyer au lit.

Colin, Georges et Jacques ont été tenus informés par les autres.

— Demain, rendez-vous à la remise à dix heures, répète Colin. Ce sera une réunion très importante. Il faudra présenter le mot de passe, le badge et tout. Et surtout, pas un mot de toute cette affaire à qui que ce soit. Compris ?

— Bien sûr ! répondent les autres en chœur.

À dix heures moins cinq, le Clan est au complet dans la remise. À dix heures pile, le gendarme arrive.

— Je pense qu'on peut le laisser entrer sans mot de passe, estime Pierre.

Mais au même moment, Jeannette demande à haute voix :

— Mot de passe ?

L'officier, de l'autre côté de la porte, éclate de rire :

— Je dois avouer que je ne le connais pas. Mais il me semble qu'il y a un mot, en ce moment, qui vous convient tout particulièrement : « aventure » !

— Il a trouvé ! s'écrient les enfants avec entrain, et la porte s'ouvre en grand.

Le capitaine franchit le seuil et s'installe sur une caisse faisant office de siège. Il examine avec satisfaction les visages qui l'entourent.

— D'avance, je vous demande le secret absolu. Nous avons mené une enquête discrète. Il est très possible qu'un vol soit projeté pour ce soir, à sept heures et demie, quand le postier ira avec sa camionnette relever le contenu de la boîte aux lettres du grand-chemin. À ce moment précis, la camionnette transporte des sacs pleins de plis recommandés et de colis.

— Ah ! s'exclame Pam. C'est exactement ce qu'on pensait.

— Alors, continue le capitaine, voici comment nous allons procéder. Un postier conduira le camion, comme chaque jour. Il stationnera à sa place habituelle et ira relever la boîte, en tournant le dos à son véhicule.

Les enfants sont suspendus à ses lèvres.

— Ensuite ? demandent-ils.

— Ensuite ? Eh bien, il est probable que le guetteur derrière le soupirail fera signe à ses complices cachés quelque part. Ceux-ci se précipiteront sur le camion, sauteront sur le siège du conducteur et partiront en trombe.

— Mais vous les laisserez faire ? s'étonne Pam. Avec tous les sacs à l'intérieur ?

— Voici l'astuce, répond le capitaine. Les sacs ne seront plus à l'intérieur. À la place, se trouveront six policiers. Imaginez la tête que feront les voleurs quand, après avoir conduit leur véhicule dans leur repaire, ils ouvriront la porte du fourgon !

— Génial ! s'écrient les Sept, enthousiasmés.

— Quant au guetteur derrière le soupirail, en sortant du sous-sol, il se trouvera nez à nez avec deux gendarmes qui l'attendront dans le couloir, continue le capitaine. Pas mal, non ?

— Est-ce qu'on pourrait assister à toute la scène ? demande Pierre. Après tout, sans nous, vous ne seriez au courant de rien !

— Alors, écoutez-moi bien. L'officier baisse la voix, ce qui contribue à aviver l'excitation des enfants. Il y a, dans le grand-chemin, un entrepôt appelé *Magasins Généraux.*

On peut y accéder par l'arrière, qui donne sur la rue du Printemps. Personne ne dira rien si sept enfants y entrent successivement et se postent à la fenêtre ouvrant sur le grand-chemin. En fait, il se pourrait même que quelqu'un se trouve là pour leur indiquer cette fenêtre.

Les Sept doivent se retenir de sauter au cou de ce gendarme compréhensif !

— Merci ! Oh, merci ! On sera tous là, si nos parents sont d'accord, déclare Colin.

— J'espère que vous aurez la permission, répond le capitaine en se levant pour partir.

— Eh bien ! lance Pierre. On sera aux premières loges ! Quelle chance !

— Oui, mais on ne verra pas l'épisode le plus passionnant, tempère Jacques. Quand les voleurs ouvriront la camionnette et trouveront les policiers au lieu des sacs postaux !

— On aura quand même droit à un sacré spectacle, réplique l'aîné des Sept, pensif. En attendant, je me demande où est Arthur... Cet horrible Touyet a dû l'enfermer quelque part jusqu'à ce que le vol soit accompli. Que va-t-il arriver à notre nouvel ami ?

À ce moment-là, le chaton, assis sur les genoux de Jeannette, se met à miauler. Sa patte est guérie. Il a grossi et s'est transformé en une petite boule de fourrure drôle et joueuse. Jeannette le caresse.

— Ton maître te manque, je parie. Mais avec un peu de chance, tu le retrouveras bientôt !

— Il me tarde d'être à ce soir… soupire Georges. Le temps passe si lentement !

Pourtant, la soirée se profile déjà. Et ce sera un moment mémorable !

Une fin palpitante

Le Clan passe le reste de la matinée dans son arbre, à discuter avec animation. Moustique est de garde, comme d'habitude, mais n'a personne à signaler. L'après-midi semble interminable. Quand l'heure du goûter arrive, l'excitation des enfants est déjà à son comble !

À six heures et demie, un par un, ils s'engagent sur le grand-chemin. Sans doute attireront-ils moins l'attention en s'y rendant séparément. Dans la rue du Printemps, ils trouvent l'entrée des *Magasins Généraux* et gravissent un petit escalier pour y accéder.

Arrivés à la dernière marche, ils sont surpris de voir la porte s'ouvrir toute seule.

Derrière se tient un policier. Celui-ci leur sourit et les guide à travers des couloirs sombres, jusqu'à une petite pièce en façade.

— On voit parfaitement la boîte aux lettres d'ici, constate Jeannette. On ne va pas perdre une miette de la scène. Je me demande si le guetteur est déjà à son poste, derrière le soupirail…

L'agent répond :

— Oui, il y est. Nous l'avons vu entrer dans le sous-sol, muni d'un mouchoir blanc pour fairc signe à ses complices. Deux gendarmes l'attendent, cachés dans un placard du couloir.

Les enfants ne tiennent pas en place. Cette attente, c'est un supplice ! Le temps passe si lentement... Sept heures dix. Sept heures vingt, vingt-cinq…

Soudain, l'horloge d'une église voisine sonne sept heures et demie. Le moment est venu !

Alors, les événements se précipitent. On entend d'abord le ronflement d'un moteur, puis le camion de la poste surgit au coin de la rue : DU 54 ! Il s'arrête et le conducteur bondit de son siège. Il saisit un sac et court vers la boîte aux lettres qu'il ouvre avec sa clef, dos à son véhicule.

Tout à coup, deux hommes surgissent d'une rue latérale et se précipitent vers le camion. Le grand-chemin est désert ; on ne voit que le postier. Tous les employés sont rentrés chez eux depuis longtemps.

Pourtant, de nombreuses personnes observent les deux hommes ! Les sept enfants, qui retiennent leur souffle, l'agent, aussi attentif qu'eux, et en bas, derrière son soupirail, le guetteur ! Sans oublier les gendarmes, cachés, prêts à agir le moment venu.

D'un bond, les deux hommes s'installent sur le siège du conducteur.

L'un d'eux se met au volant, l'autre s'assoit à son côté. Le moteur vrombit et le camion s'ébranle. À toute vitesse, il s'éloigne et disparaît au coin de la rue.

Le postier se retourne à cet instant. Il ne semble pas tellement surpris. À tous les coups, il est dans le secret, lui aussi ! Les enfants tremblent d'impatience. Quelques gendarmes jaillissent d'un peu partout et s'interpellent. Puis, d'en bas, s'élève un bruit confus.

— Le guetteur a été arrêté, devine Pierre. C'est sûrement ça !

Il a raison. L'homme est sorti du sous-sol pour tomber dans les bras des policiers qui l'attendaient. Et qui est-ce ? Le fameux M. Touyet !

Mais la soirée réserve encore quelques surprises au Clan des Sept.

Une demi-heure ne s'est pas écoulée que le camion postal est de retour. Seulement, cette fois, il est conduit par un gendarme assisté d'un policier en civil. À l'intérieur, se trouvent les deux voleurs. Lorsque les portes s'ouvrent, les enfants voient descendre quatre gendarmes qui maintiennent solidement les deux bandits.

— La prise a été facile, commente l'agent se trouvant dans la pièce avec les enfants. Ils se sont sûrement garés tout près pour ouvrir le camion. Ils ont dû avoir un sacré choc, en voyant la police ! Maintenant, en route pour l'interrogatoire !

Après tous ces événements, impossible pour les Sept de retourner chacun chez soi tranquillement ! Ils décident d'aller dîner chez Pierre et Jeannette. Tout le monde parle en même temps. En arrivant devant la maison, ils s'arrêtent, stupéfaits. Arthur, fatigué mais heureux, les attend sur le seuil, son chaton dans les bras.

— Bonjour, leur dit-il. Vous avez informé la police, pas vrai ? Les gendarmes ont fouillé la maison de mon oncle, et m'ont trouvé. J'espère ne jamais avoir à retourner chez lui !

— Mais où vas-tu aller, alors ? questionne Pierre.

— Un agent du commissariat contacte en ce moment même les hôpitaux de la région pour savoir où est soignée ma mère, répond le garçon tout en caressant son chat. Je resterai ici jusqu'à ce qu'il la trouve. Tes parents sont d'accord.

En effet, M. et Mme Dufour ont accueilli Arthur à bras ouverts dès qu'il s'est présenté chez eux. Ce soir, il dînera avec le Clan au complet !

À cet instant, le téléphone sonne. La mère de Pierre répond et revient toute souriante.

— J'ai eu des nouvelles de ta maman, Arthur, annonce-t-elle. Elle va beaucoup mieux. Elle sort de l'hôpital !

Arthur a les larmes aux yeux. La gorge serrée, il embrasse son chaton si fort que la petite bête pousse un miaulement.

Enfin, retrouvant sa voix, il se tourne vers les Sept :

— Tout ça, c'est… grâce… à vous tous ! balbutie-t-il, saisi par l'émotion. Quelle chance de vous avoir rencontrés ! Vous formez un club formidable… le meilleur du monde !

— On est bien d'accord, assure Pierre en lui adressant un large sourire. Pas vrai, Moustique ?

Le chien approuve d'un énergique coup de queue sur le plancher et d'un aboiement qui veut dire : « Encore un mystère résolu ! Bien joué, Clan des Sept ! »

FIN

Retrouve très prochainement
une nouvelle aventure du
CLAN DES SEPT
en Bibliothèque Verte, bien sûr !

TABLE

As-tu lu les premiers tomes ?

PAPIER À BASE DE FIBRES CERTIFIÉES

hachette s'engage pour l'environnement en réduisant l'empreinte carbone de ses livres. Celle de cet exemplaire est de :
300g éq. CO_2
Rendez-vous sur www.hachette-durable.fr

Photogravure Nord Compo - Villeneuve-d'Ascq
Imprimé en Roumanie par Rotolito Romania
Dépôt légal : juin 2022
Achevé d'imprimer : mai 2022
26.3024.5/01 – ISBN 978-2-01-718043-2
Loi n° 49956 du 16 juillet 1949
sur les publications destinées à la jeunesse